KB161730

태평양전쟁 2

그림으로 읽는
제2차 세계대전
11

第二次世界大战史连环画库 29, 30

Copyright ⓒ 中国美术出版总社连环画出版社, 2015; 绘画: 陈玉先 等
Korean translation copyright ⓒ Korean Studies Information Co., Ltd., 2016
Korean translation rights of 《History of World War II》 (33 Books Set)
arranged with China Fine Arts Publishing Group_Picture-Story Publishing House directly.

그림으로 읽는
제2차 세계대전 ⑪

초판인쇄 2016년 10월 10일
초판발행 2016년 10월 10일

글 천팅이陳廷一, 자오리성趙力生
그림 화쥔쑤이華均綏 · 자오리중趙力中 · 쑨샹양孫向陽
옮긴이 한국학술정보 출판번역팀
번역감수 안쉐메이安雪梅

펴낸이 채종준
기 획 박능원
편 집 박미화, 이정수
디자인 이효은
마케팅 황영주

펴낸곳 한국학술정보(주)
주소 경기도 파주시 회동길 230 (문발동)
전화 031 908 3181(대표)
팩스 031 908 3189
홈페이지 http://ebook.kstudy.com
E-mail 출판사업부 publish@kstudy.com
등록 제일산-115호 2000. 6. 19

ISBN 978-89-268-7488-2 94910
       978-89-268-7466-0 (전 12권)

그림으로 읽는
제2차 세계대전
⑪

태평양전쟁 2

글 · 천팅이(陳廷一) 외
그림 · 화쥔쑤이(華均綏) 외

이담
Books

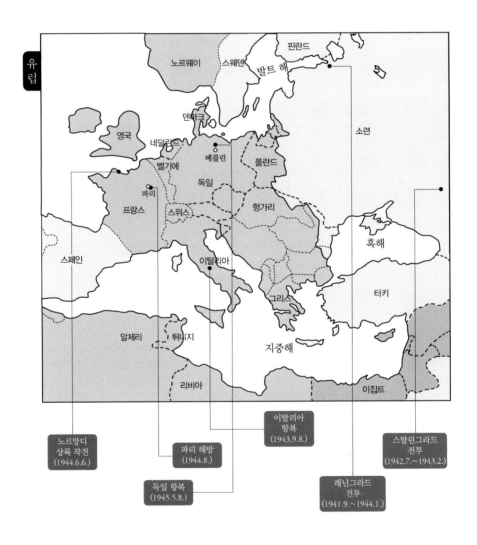

전역별 지도

유럽

노르웨이
스웨덴
핀란드
발트 해
덴마크
소련
영국
네덜란드
벨기에
베를린
폴란드
파리
독일
프랑스
스위스
헝가리
흑해
스페인
이탈리아
그리스
터키
알제리
튀니지
지중해
리비아
이집트

노르망디
상륙 작전
(1944.6.6.)

파리 해방
(1944.8.)

독일 항복
(1945.5.8.)

이탈리아
항복
(1943.9.8.)

레닌그라드
전투
(1941.9.~1944.1.)

스탈린그라드
전투
(1942.7.~1943.2.)

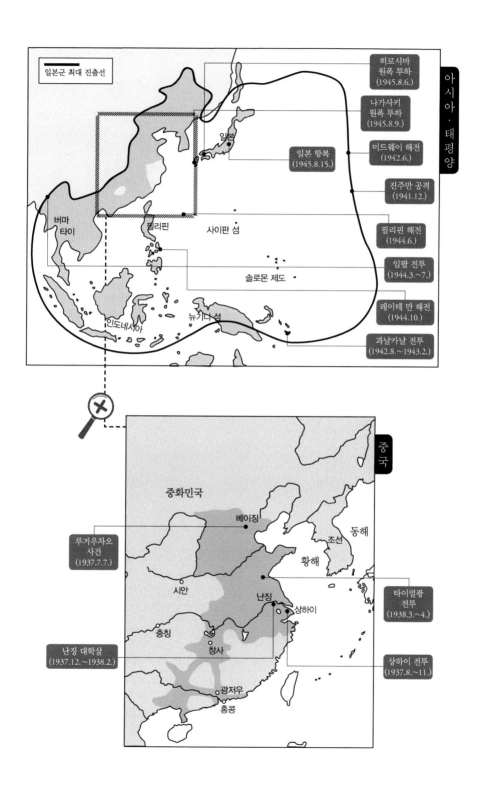

일본군 최대 진출선

히로시마
원폭 투하
(1945.8.6.)

나가사키
원폭 투하
(1945.8.9.)

일본 항복
(1945.8.15.)

미드웨이 해전
(1942.6.)

진주만 공격
(1941.12.)

필리핀 해전
(1944.6.)

임팔 전투
(1944.3.~7.)

레이테 만 해전
(1944.10.)

과달카날 전투
(1942.8.~1943.2.)

일본

버마
타이

필리핀

사이판 섬

솔로몬 제도

인도네시아

뉴기니 섬

중화민국

베이징

동해

조선

황해

루거우차오
사건
(1937.7.7.)

타이얼좡
전투
(1938.3.~4.)

시안

난징

상하이

충칭

창사

난징 대학살
(1937.12.~1938.2.)

상하이 전투
(1937.8.~11.)

광저우

홍콩

머
리
말

1945년 9월 일본 군국주의의 '무조건 항복'

으로 막을 내린 제2차 세계대전이 종식된 지도 40여 년이 지났다. 세계대전이라는 대참사를 겪은 사람들 대다수는 피비린내 나던 그 세월을 잊을 수 없을 것이다. 제2차 세계대전은 유럽, 아시아, 아프리카, 오세아니아 등을 휩쓸었으며, 당시 전 세계 인구의 4분의 3에 달하는 20억 이상이 전쟁에 휘말렸다. 정확한 통계는 어렵지만, 사망자는 대략 5천만 내지 6천만으로 제1차 세계대전과 비교해서 4배가 넘었으며, 전쟁에서 소모되거나 파괴된 자산은 무려 4천억 달러에 이른다. 주요 전장(戰場) 중 한 곳이었던 중국은 일본 파시즘과의 장기전에서 커다란 희생을 치르고 마침내 승리할 수 있었다. 이 승리는 광명이 암흑을 몰아낸 승리이자 정의가 불의를 이겨낸 승리였는데 평범치 않은 역사에는 뒷사람들이 기리는 빛나는 사적과 더불어 몸서리쳐지는 잔혹한 범죄들도 존재했다. 오늘날 이 모든 것은 한 가닥 연기처럼 사라져 기억 속의 옛 자취가 되었다. 그러나 이러한 역사가 되풀이되지는 않을까? 또다시 똑같은 참사가 발생하지는 않을까? 이와 같은 고민은 전쟁의 상처를 고스란히 떠안은 우리 세대와 평화를 사랑하고 정의를 추구하는 개개인이 진지하게 심사숙고해야 할 문제이다.

중국연환화출판사에서 발간한 『제2차 세계대전사 연환화고(連環畵庫)』는 더 많은 독자가 제2차 세계대전의 전반적인 역사를 이해하기 쉽도록 풍부한 그림과 글로 세계대전의 전체 과정과 그중 중요한 전투를 재현했다. 일찍이 루쉰(魯迅) 선생이 '계몽의 예리한 도구'라 극찬한 연환화(連環畵)*는 중화인민공화국 수립 이후 지난 40년간 신속한 발전을 가져와 대중들에게 중요한 정신문화로 자리 잡았다. 독자층이 넓어지고 제재도 풍부해지면서 형식과 표현에서 진일보한 연환화는 예술적 감상과 오락적 기능을 넘어 지식을 전달하거나 교육 자료로 이용되는 등 여러 방면에서 활용되고 있다. 아무쪼록 본 시리즈가 독자들이 역사적인 사실을 배우고 이해하는 데 도움이 되길 바라며, 전쟁 도발자들의 추악한 면모와 야욕을 알고 평화와 정의를 수호하는 일이 얼마나 위대한 것인가를 깨닫기 바란다.

1989년 12월

장웨이푸(姜維朴)

---

* 연환화(連環畵): 여러 폭의 그림으로 이야기나 사건의 전체 과정을 서술하는 회화를 말하며 연속만화, 극화(劇畵)라고도 한다. 20세기 초 상하이에서 발전하기 시작했으며 문학작품을 각색하거나 현대적인 내용을 제재로 한다. 간단한 텍스트를 엮은 후 그에 걸맞은 그림들을 그리는데, 보통 선묘를 위주로 하며 간혹 채색화도 있다.

차례

1

2

연표

1929년
- 10.24. 뉴욕 증시 대폭락으로 세계 경제대공황 시작

1931년
- 09.18. 만주사변(~1932 02.18.), 일본 승리

1933년
- 01.30. 히틀러, 독일 수상에 취임
- 03.04. 루스벨트, 미국 대통령에 취임

1937년
- 07.07. 루거우차오 사건(~07.31.), 일본 승리
- 08.13. 상하이 전투(~11.26.)
- 12.13. 일본의 난징 점령과 대학살(~1938.02.)

1938년
- 03.12. 독일, 오스트리아 합병
- 03.24. 타이얼좡 전투(~04.07.), 중화민국 승리
- 09.30. 뮌헨 협정(영·프·독·이)

1939년
- 03.15. 독일 체코슬로바키아 해체, 병합
- 08.23. 독일·소련 불가침조약
- 09.01. 독일의 폴란드 침공으로 제2차 세계대전 발발
- 11.30. 소련 – 핀란드 겨울 전쟁(~1940.03.13.)

1940년
- 05.10. 처칠, 영국 총리에 취임
- 05.26. 영·프 연합군의 됭케르크 철수(~06.03.)
- 09.27. 독일·이탈리아·일본 3국 동맹

1941년
- 06.22. 독일의 소련 침공으로 독소전쟁 발발
- 09.08. 레닌그라드 전투(~1944.01.27.), 소련 승리
- 12.07. 일본의 진주만 공습(태평양전쟁 발발)

1945년
- 02.19. 이오 섬 전투(~03.26.), 미군 승리
- 03.10. 미국의 일본 도쿄 대공습
- 04.01. 오키나와 전투(~6.23.), 미군 승리
- 04.28. 무솔리니 공개 처형
- 04.30. 히틀러 자살
- 05.08. 독일 항복
- 08.06. 히로시마 원자폭탄 투하
- 08.09. 나가사키 원자폭탄 투하
- 08.15. 일본 항복

1944년
- 03.08. 임팔 전투(~07.03.), 연합군 승리
- 06.06. 노르망디 상륙 작전
- 06.11. 사이판 전투(~07.09.), 미군 승리
- 06.19. 필리핀 해전(~6.21.), 미군 승리
- 08.26. 파리 해방
- 10.23. 레이테 만 해전(~10.26.), 연합군 승리
- 09.15. 펠렐리우 전투(~11.27.), 미군 승리
- 12.16. 벌지 전투(~1945.01.25.), 연합군 승리

1943년
- 09.08. 이탈리아 항복
- 11.22. 카이로 회담(1차 11.22.~26. / 2차 12.02.~07.)

1942년
- 01.31. 싱가포르 전투(~02.15.), 일본 승리
- 06.04. 미드웨이 해전(~06.07.), 미군 승리
- 07.17. 스탈린그라드 전투(~1943.02.02.), 소련 승리
- 08.07. 과달카날 전투(~1943.02.09.), 연합군 승리

체스터 니미츠(Chester William Nimitz, 1885.2.24. ~ 1966.2.20.)
제2차 세계대전 동안 미국과 연합군 태평양함대를 지휘
한 총사령관으로, 일본 해군과의 전력 차이에도 불구하고
새로운 전술을 과감하게 펼쳐 일본군을 무찔렀다. 맥아더
장군과의 긴밀한 합동 작전으로 태평양전쟁을 승리로 이
끄는 데 혁혁한 공을 세웠으며, 그 공로를 인정받아 미 해
군 최초 5성급 원수로 승진했다. 또한, 최신식 항공모함에
그의 이름을 따 니미츠호라 이름 붙였다.

알렉산더 반데그리프트(Alexander Archer Vandegrift, 1887.3.13. ~ 1973.5.8.)
미 해군 소장으로 미 해병 1사단을 이끌고 태평양전쟁의 중요 분
기점이 되는 과달카날 전투에 참전했다. 과달카날 섬에 기습 상
륙해 섬을 탈환하고 비행장 건설을 마무리 지었다. 과달카날 전
투는 미 해군 최초의 파견 전투이자 일본군과 싸워 이긴 첫 번째
대규모 지상전이지만, 매우 치열했던 혈전으로 일본군과 미국군
모두에게 막심한 피해를 준 전투이기도 했다. 제2차 세계대전 말
기에는 미군 최초 해병대 대장으로 승진했다.

나구모 주이치(南雲忠一, 1887.3.25. ~ 1944.7.8.)
일본 해군 제독으로 진주만 공습을 지휘해 승리를 거뒀다.
이듬해는 인도양까지 진출해 실론 섬의 영국군 기지를 폭파
하는 등 전과를 올렸으나, 제1항공함대 사령장관으로 참전
한 미드웨이 해전에서 큰 실패를 겪었다. 1944년 6월 15일,
미군의 사이판 상륙을 저지하기 위해 출동했지만, 20일간의
저항 끝에 사이판 수비대는 전멸했고, 미군에 쫓겨 자살로
생을 마감했다.

오자와 지사부로(小澤治三郎, 1886.10.2. ~ 1966.11.9.)
일본 해군 제독으로 태평양전쟁 개전 직전 제1항공전
대 사령관으로서 후에 연합함대의 주력이 된 기동부대
를 길러냈다. 태평양전쟁 때 말레이 부대 지휘관 겸 남
파함대 사령관으로 영국 해군의 전함과 순양함을 격침
하는 전과를 거뒀다. 나구모 주이치의 후임으로 제1기
동전대의 지휘관이 돼 마리아나 해전, 레이테 만 해전
에서 싸웠다. 1945년 최후의 연합함대 사령관으로 제2
차 세계대전의 종식과 일본의 패망을 지켜봤다. 그 후
조용히 자택에서 칩거하다가 지병으로 사망했다.

과달카날 전투는 제2차 세계대전 중 1942년 8월~1943년 2월에, 남태평양의
전략적 요충지인 과달카날 섬을 차지하기 위해 벌인 미·일 간 대규모 육해
공 결전이다. 전투는 일본 침략군의 참패로 끝났으며 이후 미군은 남태평양
에서 더욱 적극적인 공세에 나서게 됐다.

글 · 천팅이(陳廷一)

그림 · 화쥔쑤이(華均綏) · 자오리중(趙力中)

그림으로 읽는 제2차 세계대전 ⑪

태평양전쟁 2

과달카날 전투

1

전(前) 영국령 솔로몬 제도 중에는 과달카날이라는 섬이 있는데 남태평양에서 중요한 전략적 위치에 있었다. 제2차 세계대전 태평양전쟁 기간 중, 즉 1942년 8월부터 1943년 2월까지 미·일 양측은 과달카날을 차지하기 위해 육해공 대전을 벌였다.

1941년 12월 7일, 일본은 진주만 기습으로 태평양전쟁을 도발하면서부터 약 4개월 동안 연달아 태국, 홍콩, 말라야, 필리핀, 네덜란드령 동인도 제도, 버마와 서태평양의 미군 군사 기지 등 총 약 380만km²의 지역과 1억 5천만 인구를 무력으로 점령했다.

전쟁 초기에 계속 승리를 거두면서 일본 파시즘은 이성을 잃었다. 당시 거칠 것이 없었던 일본군 최고사령부는 계속 동쪽으로 진격해 미국의 미드웨이 제도를 빼앗고 동시에 남쪽으로 내려가 오스트레일리아를 점령하려 했다.

1942년 4월 18일, 일본군 최고사령부는 먼저 오스트레일리아를 침략하는 데 위협이 되는 뉴기니 동남쪽 해안에 있는 연합군 해 · 공군기지인 포트모르즈비 만을 점령한 뒤 이어서 솔로몬 제도의 툴라기 섬을 탈취해 라바울을 중심으로 방어 체계를 확고히 수립해 미국 · 오스트레일리아의 연결 통로를 차단하기로 결정했다.

포트모르즈비 만 공격은 육군 소장 호리이 도미타로(堀井富太郎)가 지휘하는 남해지대(支隊, 1개 여단 규모)와 이노우에 시게요시(井上成美) 해군 중장의 제4함대가 책임지기로 했다. 5월 4일, 두 부대는 뉴브리튼의 라바울 일본군 기지에서 출발해 포트모르즈비 만을 향해 수륙으로 돌격하기 시작했다.

미군은 사전에 입수한 무전을 해독해 일본군의 이번 군사 목표를 이미 알고 있었다. 포트모르즈비는 연합군에게 매우 중요했는데, 오스트레일리아를 지키는 방어기지이자 반격을 위한 발판이므로 반드시 이 전략적 요충지를 지켜내야만 했다.

미국 태평양함대 사령관 니미츠 상장(사령부는 뉴질랜드에 설치)은 플레처 해군 상장에게 항공모함 기동함대를 이끌고 일본 함대를 요격하라고 명령했다.

5월 8일, 미·일 두 함대는 오스트레일리아와 뉴기니 동쪽 산호해 해상에서 맞닥뜨려 격전을 벌였다. 결과적으로 미군은 산호해 해전에서 일본군의 포트모르즈비 만을 점령하려던 전략 목표를 좌절시켰다. 그러나 일본군은 솔로몬 제도 동남쪽 툴라기 섬을 점령해 두 번째 전략 목표를 이루었다.

6월 초, 미·일 간에 벌어진 미드웨이 해전이 며칠 만에 종결됐다. 일본 해군은 350년 이래 처음으로 실패를 겪었으나 육군은 그때까지 여전히 기가 꺾이지 않았다. 일본군은 전략적 주도권을 다시 빼앗아 오기 위해 남태평양에서 미군과 싸워 자국의 동남아 및 서남태평양에서의 중요한 전략 거점을 확보하려 했다.

6월 29일, 일본군 최고사령부는 남방군의 기본 임무는 남방의 주요 거점을 확보하는 것이며, 자급하는 조건에서 필승의 자세를 취하는 동시에 상황에 따른 작전을 준비해 두라고 명령했다. 라바울 기지에 주둔하고 있던 제17군단 사령관 하쿠타케 하루요시(百武晴吉) 육군 중장은 계속해서 포트모르즈비 만을 탈취하기 위해 준비했다.

서남태평양 방어선을 더욱 굳건히 하기 위해 일본 해군은 각각 즈이카쿠호, 쇼카쿠호 항공 모함을 중심으로 제3함대와 제8함대를 편성해 뉴기니와 솔로몬 제도의 방어를 강화했다.

미군도 미드웨이 해전의 승세를 몰아 태평양에서 이제까지 수세를 취했던 것에서 공세로 전환하려 하고 있었다. 오스트레일리아 국경 밖에서 방어할 것을 주장한 서남태평양 지역 사령관 맥아더 육군 상장은 즉시 일본군의 라바울 기지를 공격한 다음 아일랜드 호핑 전술을 써 섬 1개씩 점령하며 곧장 일본 본토까지 쳐들어가자고 했다.

7월 2일, 미군은 참모장연석회의를 소집했다. 논의를 거쳐 남태평양에서 반격을 시작하려면 미국에서 오스트레일리아까지의 교통로를 확보해야 하며, 그러려면 오스트레일리아 동북쪽에 연계가 되는 해·공군기지를 마련해야 한다고 결론지었다.

회의에서는 첫 번째 단계로 솔로몬 제도 가운데 툴라기 섬과 과달카날을 점령하며 공격임무는 미군 남태평양부대가 책임지고 태평양함대 사령관 니미츠가 지휘를 맡기로 했다.

두 번째 단계에서는 솔로몬 제도의 나머지 섬과 뉴기니 연해 일대를, 세 번째 단계에서는 라바울의 일본군 기지를 점령하기로 했다. 이 두 번째, 세 번째 단계는 맥아더가 지휘를 맡았다.

미군이 이 작전을 수립하기 전에 일본군은 산호해 해전에서 먼저 툴라기 섬을 점령해 항공기지로 삼았고, 곧이어 툴라기 섬에서 남쪽으로 25해리(약 50km) 떨어진 과달카날 섬 역시 비행장을 부설하기에 적합하다고 판단했다.

전쟁 전부터 영국의 속지였던 과달카날의 면적은 6천5백km²로 높은 산이 많은 험준한 지형에 강이 얼기설기 얽혀 있다. 이 섬에는 잡초와 독버섯이 가득 자라고 있으며, 사방에 악어, 독사, 열대 독벌레가 서식하고 있다. 일본군이 툴라기 섬을 점령할 때 현지 정부에서 일하던 영국의 마틴 클레멘스 상위가 과달카날로 도망쳤다.

과달카날로 피신한 마틴 클레멘스는 뉴질랜드 인 2명과 함께 현지 토착민들의 협조를 받아 '해안감시대'를 조직해 일본군의 동향을 세심하게 정찰했다.

6월 말, 일본군은 해군 경비대 240명, 공병대 7천7백 명을 과달카날에 상륙시키고 섬의 룽가 강 동쪽 해안 평야에 비행장을 부설하기 시작했다.

과달카날에 진주한 일본군의 비행장 부설이 마무리될 무렵, '해안감시대' 클레멘스는 무전으로 주뉴질랜드 태평양함대 사령관 니미츠에게 일본군이 과달카날에 부설하는 비행장이 곧 완공될 것이며, 추측건대 8월 7일에 대규모 상륙이 있을 것이라고 보고했다.

보고를 들은 니미츠는 과달카날 및 비행장을 탈취하기로 결정했다. 그렇게 하지 않고 일본 비행기가 과달카날에 진주하도록 둘 경우 미군에게 커다란 위협이 되며, 이후에 공격하는 것은 더 많은 대가를 치러야 할 것이기에 즉시 과달카날을 공격하라고 명령했다. 이번 군사 행동의 작전명은 '감시탑'이었다.

과달카날 공격을 맡은 미군 부대는 알렉산더 반데그리프트 소장이 지휘하는 해병대 제1사단과 제2사단의 1개 연대 총 1만 9천 명이었다.

플레쳐 해군 소장은 엔터프라이즈호, 와스프호, 사라토가호 등 항공모함 3척과 함정 80척으로 구성된 기동함대를 이끌고 호송 및 지원 임무를 맡았다.

과달카날과 툴라기 섬 공격 임무를 맡은 반데그리프트는 불안감에 휩싸였다. 과달카날에 대한 정보가 오직 낡아빠진 항해도와 선교사가 찍은 오래된 사진 한 묶음뿐이었으므로 그는 이 모험적인 계획을 '신발끈' 작전이라 불렀다.

'해안감시대'의 예상에 따르면, 과달카날에는 약 2천 명에서 1만 명 사이의 일본군이 있으며, 툴라기 섬 및 인근 2개의 작은 섬에도 모두 일본군이 주둔하고 있었다. 반데그리프트는 솔로몬 제도에 거주한 적이 있는 오스트레일리아 인들을 찾아 그곳 상황을 파악한 다음 그에 근거해 상륙 도면 초안을 제작했다.

8월 3일, 반데그리프트는 해병대를 이끌고 수송선 23척에 나누어 타고 항공편대와 플레처 함대의 엄호 아래 피지 섬에서 출발해 서북쪽으로 항행했으며 8월 6일 깊은 밤, 과달카날 서북쪽 끝머리를 에돌았다.

이곳에서 부대는 두 갈래로 나누어 한 갈래는 툴라기 섬을, 다른 한 갈래는 주력군으로서
어둠을 헤치고 은밀히 동북쪽으로 가 과달카날을 공격하기로 했다.

8월 7일 오전 6시 14분, 과달카날에 도착한 미군은 우선 해군·공군이 맹렬한 포격과 폭격
을 퍼부어 정확하게 섬의 목표물을 명중시킴으로써 불빛이 검푸른 해면을 붉게 비추었다.

오전 9시, 상륙이 시작되자 돌격용 상륙정은 과달카날 룽가 강과 테나루 강 사이 상륙 지점으로 나아갔다. 반데그리프트는 약 1만 명의 해병대를 이끌고 아무런 저항도 받지 않은 채 재빨리 해안가에 상륙했다.

과달카날에 상륙한 미군 해병대는 즉시 두 갈래로 나누어 한 갈래는 섬 서쪽으로, 다른 한 갈래는 서남쪽 비행장으로 진격했다. 비행장에 있던 일본군 경비대와 작업 중이던 공병대는 얼마간 저항하다가 비행장을 포기하고 밀림으로 도망쳐 들어갔고 미군은 손쉽게 비행장을 점령했다.

1천m 활주로를 가지고 있는 이 밀림 비행장은 깊숙한 지하엄폐호, 발전소, 산소공장, 무선전신국 그리고 해변으로 통하는 도로와 각종 하역 · 보급 설비 등 시설이 완벽하게 갖추어져 있었다. 미군은 이 비행장을 헨더슨 비행장이라 이름 지어 미드웨이 해전에서 희생된 비행영웅 헨더슨을 기념했다.

이틀 만에 반데그리프트의 해병대는 과달카날의 모든 고지와 수로를 점령하고, 해상으로 수송된 물, 연료, 무기와 탄약 등 물자를 신속하게 해안가에 하역했다.

한편, 툴라기 섬을 공격하러 간 6천 명 해병대도 섬에 있던 4백 명 일본군과 하루 밤낮의 격전 끝에 일본군을 격파하고 섬을 점령했다.

미군이 과달카날을 점령한 당일, 밀림으로 들어간 일본군은 라바울 기지에 주둔하고 있던 제8함대 사령관 미카와 군이치(三川軍一) 해군 중장에게 무전을 보냈다. "아군은 미군 상륙 부대의 습격을 받고 현재 밀림으로 철수." 같은 날, 미카와는 툴라기 섬 수비군에게서도 긴급 무전을 받았다.

8월 8일, 일본군 제8함대 미카와 군이치 사령관은 중순양함 초카이호에 올라 모든 경형 함대 함선과 기지 항공병들을 이끌고 과달카날 수비군을 증원하러 떠났다. 그날 점심, 일본 공군의 베티 폭격기 24대와 제로기 27대가 과달카날 상공에 도착했다.

일본군 폭격기가 과달카날 상공에서 폭탄을 투하하려는 순간, 공중 경계를 책임진 미군 함재 와일드캣 전투기 6대가 2만 피트 고공에서 적기를 발견하고 즉시 요격했다.

양측은 치열한 공중전을 벌였으며 일본 비행기는 30대가 격추되고 절반 정도 남은 비행기들은 급히 미군 수송선단에 폭탄을 투하하고는 날아가 버렸다.

일본군 폭격기의 공격을 받은 미군 수송선단과 호송함대는 타격이 크지는 않았는데, 아노테호 수송선에 폭탄이 떨어져 불이 붙었고, 그 외에 구축함 1척이 파손됐다. 그리고 기타 수송선은 여전히 해안가에서 군용 물자를 하역하는 중요한 임무를 수행했다.

바로 그날 저녁, 미카와는 제8함대의 중순양함 5척, 경순양함 2척, 구축함 2척을 이끌고 시속 26노트(시속 약 48km)로 솔로몬 제도의 '슬롯(중앙수로)'을 통해서 과달카날 서쪽의 자그마한 화산섬인 사보 섬 부근 해상에 도착했다.

플레쳐 소장이 이끄는 호송함대는 해병대를 과달카날에 상륙시킨 후, 3척의 항공모함이 일본 비행기의 습격을 받을까 봐 불안해 급히 주력함대를 이끌고 과달카날 해역을 떠나 남쪽으로 철수했다.

플레쳐는 순양함과 구축함 몇 척만 남겨 물자 수송선대 몇십 척을 호위하게 했다. 항공모함이 없는 이 호위함대는 사보 섬 부근 해상에서 일본군 미카와 제8함대와 맞닥뜨리게 됐다.

그날 저녁, 사보 섬의 화산봉우리가 미군의 시야를 가로막았기에 미카와의 군함은 은밀하게 미국 함대에 접근할 수 있었다. 미카와는 즉시 "제국 해군의 야간 전투 전통을 가슴 깊이 새겨 필승의 믿음을 가지자"라고 지시하고 전력으로 미국 함대를 공격할 준비를 했다.

새벽 2시, 야간 전투에 능한 일본 수병이 사보 섬의 미국 군함을 기습했다. 사정거리가 약 20km나 되는 수많은 어뢰와 1천 파운드(약 450kg)급 폭탄을 가지고 시속 49노트(시속 약 90km)로 미국 함대를 향해 돌진했다. 미국 함선은 어둠 속에서 최선을 다해 응전했고 양측은 솔로몬 제도 해상에서 첫 번째 해전을 벌였다.

얼마 지나지 않아 오스트레일리아 순양함 캔버라호, 미국 중순양함 애스토리아호, 퀸시호가 연이어 일본 함선의 포화에 격침됐고 시카고호는 크게 파손됐다. 미 순양함 빈슨호는 맹렬하게 반격하면서 일본 순양함 키누가사호를 공격하려 했으나 곧 격침돼 1천 명 가까운 병사가 전사했다.

동틀 무렵, 나머지 미국 함대는 남쪽으로 철수하고 수송선도 미처 하역하지 못한 채 따라서 철수했다. 과달카날 섬에 있던 미군이 총포 소리를 듣고 급히 비행장에서 해안으로 달려와 하역하려 했으나 눈앞에는 출렁이는 푸른 바다뿐이었다. 섬에는 4일가량 버틸 수 있는 탄약만 남았고 식량도 거의 바닥나 있었다.

반데그리프트는 헨더슨 비행장 주위에 방어진지를 구축하고 병력을 배치해 일본군의 폭격과 습격에 대비했다. 동시에 서둘러 비행장 공사를 완료해 섬에 고립돼 있는 상황에서 벗어나려 했다.

미군이 과달카날에 상륙했다는 소식이 일본에 전해지자, 최고사령부는 전혀 생각지도 못한 상황에 매우 놀랐다. 히로히토 천황은 여행에서 급히 도쿄로 돌아와 대책을 논의했다.

8월 13일, 일본군 최고사령부는 연합함대 사령관 야마모토 이소로쿠(山本五十六) 해군 대장과 제17군단 사령관 하쿠타케 하루요시(百武晴吉) 육군 중장에게 제17군단, 제8함대, 제11항공대 및 제2함대와 제3함대를 동원해 과달카날의 미군을 완전히 소탕하고 섬의 비행장과 전략적 요충지를 점령하라고 지시했다.

최고사령부는 또한 미드웨이 제도를 공격할 당시 전문 훈련을 받았던 해군육전대(海軍陸戰
隊) 이치키 기요나오(一木清直) 지대(약 3천3백 명)를 제17군단에 전속시켰으며, 미군이 자리
잡기 전에 과달카날을 탈환하라고 명령했다.

미드웨이 해전에서의 패배를 설욕하고 싶었던 야마모토는 즉시 쓰카하라 니시조(塚原二四
郎)가 지휘하는 제11항공대대에 곧장 라바울로 날아가 미카와의 제8함대와 협력해 과달카
날을 탈환하라고 명령했다.

야마모토 본인은 직접 연합함대 주력인 곤도 노부타케(近藤信竹) 중장이 지휘하는 제2함대
와 나구모 주이치(南雲忠一) 중장이 지휘하는 제3함대 총 전함 50척, 함재기 150대를 거느
리고, 17일, 세토 내해에서 남하해 솔로몬 제도 방향으로 집결했다.

8월 18일 밤, 이치키 기요나오 대좌는 공격부대 제1진 약 9백 명 선견(先遣)부대와 쾌속구
축함 6척에 나눠 타고 과달카날에 도착했다. 상륙한 일본군은 해안에 미군이 보이지 않자
후속부대가 도착하기도 전에 비행장으로 가서 급히 공격하려 했다.

'해안감시대'는 숨어서 이들의 행동을 지켜보다가 적절한 시기에 섬에 주둔하고 있는 반데그리프트 미군 사령관에게 적의 상황을 알렸다. 반데그리프트는 급히 정찰대를 파견해 테나루 강 동쪽 지역을 수색하도록 했다.

8월 19일, 행군 중인 일본군 선견부대를 발견한 미군 정찰대는 급히 반데그리프트에게 적군은 장비가 우수한 비교적 강한 부대의 전위대(前衛隊)라고 보고했다.

정찰대의 보고를 받은 반데그리프트는 즉시 테나루 강 동쪽에 철조망 등의 방어시설을 정비하고 강 양쪽 기슭의 화력 배치도 강화했다.

8월 20일 밤, 이치키는 선견부대에 결사대를 조직해 즉시 테나루 강 미군 진지를 기습하라고 명령했다.

일본군 첫 번째 결사대가 강 동쪽 기슭에 도착했을 때, 미군 해병대는 모든 화력을 쏟아부어 철조망 앞을 불바다로 만들었고 막대한 사상을 입은 일본군은 기습에 실패했다.

20일 오전 5시, 이치키는 또다시 4백 명으로 구성된 두 번째 돌격부대를 파견해 계속 공격했으나 여전히 미군 방어진지 철조망 앞에서 더는 나아가지 못했다. 일본군 소부대가 어두운 밤을 틈타 강 상류 내륙지역으로 우회해 서쪽 기슭에 닿았으나 날이 밝자 곧 미군의 공격을 받아 전멸했다.

21일 낮, 이치키 부대는 미군과 강을 사이에 두고 대치하면서 사격전을 벌였다. 이때 반데
그리프트는 예비부대를 보내 지난밤 일본군이 왔던 경로를 따라가 적후를 파고들었다.

오후 3시, 미군 해병대는 동·서부 전선에서 이치키 지대를 협공했다. 경형 전차 5대가 앞
뒤가 막힌 일본군 진지로 쳐들어가 일본군 저격대를 향해 포화를 퍼부어 포위된 일본군
대부분이 섬멸됐다.

날이 저물고 야자나무 숲에는 살아남은 몇 안 되는 일본군이 중상을 입은 이치키 대좌 주
위에 둘러앉았다. 절망한 이치키는 기수에게 자신의 피가 물들여진 군기에 휘발유를 부어
태워버리게 하고는 군도를 뽑아 할복자살했다.

바로 이날, 미군 해병대 2개 항공중대, 즉 와일드캣 19대, 돈트레스 급강하폭격기 12대를
보유한 캑터스 항공대와 P-400형 비행기 14대를 보유한 육군 전투기 중대가 과달카날 섬
의 헨더슨 비행장에 착륙했다.

이때부터 과달카날에 주둔하고 있던 해병대는 필요한 공중 지원을 받게 됐다. 수송기가 섬에 착륙해 물자를 보급하고 부상병을 호송하면서 미군의 사기는 크게 올라갔다.

8월 19일, 야마모토 함대는 이치키 지대의 후속부대를 과달카날에 수송하면서 또다시 미국 함대를 유인해 섬멸하려 했다. 일본군 천여 명을 실은 쾌속수송선이 류조호 경형 항공모함의 호위를 받으며 항행하고 있었다.

곤도가 지휘하는 제2함대와 나구모가 지휘하는 제3함대는 솔로몬 제도 동북쪽 해상에 집결해 미군 함재기가 나타나 류조호를 공격하면 그 틈에 미국 함대를 섬멸하고 더 나아가 과달카날을 손에 넣으려 했다.

미국 태평양함대 사령부는 '해안감시대'의 보고로 일본 연합함대가 과달카날 해상의 타격 범위 내에 진입했음을 알고 미군을 빈틈없이 배치하도록 했다.

미국 태평양함대 부총사령관 곰리는 플레처에게 엔터프라이즈호, 사라토가호, 와스프호 항공모함 3척을 주력으로 하고 작전함 23척을 보유한 기동함대를 이끌고 과달카날 동남쪽에 집결해 적군을 요격하라고 명령했다.

8월 24일, 양측 함대는 과달카날 동북쪽 해상에서 제2차 솔로몬 해전을 벌였다. 류조호를 발견한 미국 군함은 즉시 비행기 36대를 파견, 류조호와 수많은 일본군 수송선을 폭격해 격침시켰다.

나구모는 계획대로 즈이카쿠호, 쇼카쿠호 두 항공모함의 모든 비행기들에 미국 함대를 습격하라고 명령했다. 그러나 그 시각, 미군 전투기가 이미 높은 구름 속에 숨어서 적기를 기다리고 있었다.

일본군 비행기 80여 대가 미국 군함 상공에 날아오자 구름층에 은폐해 있던 와일드캣 미국 전투기 53대가 곧바로 고공에서 적군 비행기를 기습 공격했다. 그리고 과달카날 섬 헨더슨 비행장의 미군 비행기도 날아와 공격에 합류했다. 양측 비행기들은 공중에서 격전을 벌이며 서로 맹공격을 퍼부었다.

30분가량 격전을 치른 끝에 일본군 비행기는 70여 대, 미군 비행기는 17대가 격추됐으며, 항공모함 엔터프라이즈호는 파손돼 수리를 위해 진주만으로 돌아가게 됐다. 일본군은 이번 해전에서 너무 많은 비행기와 경험이 풍부한 항공기 조종사를 잃게 돼, 이후 전쟁의 승패에도 영향을 미치게 됐다.

이치키 지대와 야마모토 함대의 작전이 실패하자 일본군 최고사령부는 처음에 과달카날에 주둔한 미군을 과소평가했음을 깨달았다. 8월 31일, 최고사령부는 포트모르즈비 공격을 잠시 중지하고 병력을 집중해 과달카날을 탈취하기로 결정했다.

또한 가와구치 키요타케(川口淸健)가 지휘하는 제38여단 약 3천5백 명을 트럭 섬에서 과달
카날로 이동시키기로 결정했다. 이 부대를 어떻게 안전하게 과달카날로 수송할지에 대해
야마모토와 연합함대 지휘관들은 머리를 맞대고 고민했다.

솔로몬 해전에서 일본 연합함대의 비행기가 다수 격침돼 대형 수송선으로 병력을 수송할
경우 부대 상륙을 지원할 항공부대가 부족했다. 그렇기 때문에 그들은 '생쥐수송'을 택할
수밖에 없었다.

어두운 밤, 일본군은 소형 선박으로 가와구치 여단을 섬의 상륙 지점까지 수송하거나 병력을 쾌속순양함과 구축함 갑판에 싣고 과달카날에 접근해 상륙시킨 후 함대는 곧바로 철수하는 방법으로 미군 비행기의 습격을 피했다. 미군은 이런 수송 방식을 '도쿄특급'이라 불렀다.

일본군은 '생쥐수송' 방식을 이용해 가와구치 제38여단을 계속 과달카날로 수송했다. 미군 캑터스 항공대는 일본군의 '도쿄특급'식 야간 활동에는 아무런 대책이 없었고, 비행장에 주둔한 미군도 일본군 상륙을 저지하기 위해 기동 병력을 차출할 여유가 없었다.

9월 초, 가와구치의 제38여단과 이치키 지대 제2진 총 6천여 명이 과달카날에 상륙했다.
그들은 밀림으로 숨어들어 비행장을 탈취할 기회를 엿보았다.

9월 12일, 과달카날에 상륙한 일본군이 첫 번째 총공격을 개시했다. 가와구치 여단을 주력
으로 한 이번 총공격은 과달카날 내륙에서부터 동쪽, 서쪽, 가운데 세 방향에서 헨더슨 비
행장을 목표로 돌격했다.

가와구치 여단의 중앙 돌격군은 해군의 엄호를 받아 비행장 남쪽 산등성이 미군 진지에 맹공격을 가했고, 양측은 전체 섬의 감제고지*를 차지하기 위해 격전을 벌였다.

*감제고지(瞰制高地): 〈군사〉 적의 활동을 살필 수 있는, 주변이 두루 내려다보이는 고지

13일 동틀 무렵, 일본군은 미군의 제1선 방어진지에 이어 제2선 진지를 돌파하고 비행장 남측 고지를 점령했다. 극소수 일본군이 해병사단 지휘소 부근까지 쳐들어와 전세가 더욱 긴박해졌다.

양측 보병이 하루 종일 서로 뒤엉켜 싸웠으므로 미군은 비행기나 화포를 이용해 공격할 수가 없었다. 해가 질 무렵, 일본군이 맹렬하게 돌격해 와 미군이 거의 버티지 못할 정도가 됐을 때 미군 공수부대가 투입됐고, 14일 새벽 미군은 조직적인 반격에 나설 수 있었다.

미군의 대포가 일제히 불을 뿜고 화포, 기관총이 돌격해 오는 일본군을 쓰러뜨렸으며 전차가 기세를 몰아 남은 적군을 뒤쫓아 갔다. 온 들판에 널린 일본군의 시체로 산마루가 붉게 물들 정도였는데, 이곳을 일본군은 '피의 산마루'라 불렀다. 심각한 피해를 입은 일본군은 결국 남쪽으로 철수할 수밖에 없었다.

가와구치 여단의 동쪽 돌격군은 테나루 강을 건너 찜통더위의 밀림 속으로 들어갔다. 독벌레와 흡혈거머리의 공격을 받아 힘겨운 행군을 해야 했던 그들은 며칠 뒤에 겨우 공격 위치에 도착했으나 총공격 시간을 훨씬 넘겨버려 사기가 크게 저하됐다.

13일 저녁 9시, 일본군은 몇 갈래로 나누어 돌격을 시도했으나 돌격할 때 뿜겨져 나오는 특유의 '무사도' 정신이 부족한 데다 전투력이 턱없이 약했으므로 아무런 성과도 얻지 못했다.

가와구치 여단의 서쪽 돌격군은 14일 오후가 돼서야 공격을 시작했다. 그동안의 관례를 깨고 대낮에 총검을 들고 돌격했으나 주력인 중앙 돌격군이 이미 철수해 버렸기 때문에 부족한 병력으로 수차례 접전을 벌였지만 결국 실패했다.

가와구치 여단 잔존 부대가 패하고 있을 때, 과달카날 미 주둔군은 대량의 육군 지원을 받았다. 해병대 4천 명을 실은 수송선 6척이 와스프호, 사라토가호 항공모함 및 호송함의 엄호 아래 과달카날로 오고 있었다.

미국 함대는 해병대를 섬에 수송한 후 일본군의 습격을 피해 날이 어두울 때 즉시 철수하려 했다. 이때 먼저 매복해 있던 일본 함선이 갑자기 나타나 함대를 포위 추격했다. 양측은 날이 밝을 때까지 싸웠는데, 와스프호 항공모함은 일본군 어뢰에 맞아 치명적인 손상을 입었고, 전함 1척과 구축함 1척도 파손됐다.

과달카날에서의 첫 번째 총공격이 실패한 후, 9월 17일, 일본군 제17군단과 연합함대 장성들은 함께 면밀한 검토를 거친 끝에, 마루야마 마사오(丸山政男) 중장 제2사단(정예 센다이 사단)을 자바에서 과달카날로 증원 보내고, 사노 타다요시(佐野忠義) 제38병단을 제2선 예비병단으로 하여 부건빌 섬에서 대기시키기로 했다.

제2사단을 과달카날에 성공적으로 상륙시키기 위해 일본 연합함대는 비행기로 폭격하고 특별히 대구경 포탄을 서둘러 제작해 함포 사격을 실시하기로 했다. 융단 폭격으로 비행장의 미군 비행기가 발진하지 못하게 한 다음 대형 쾌속수송함으로 증원부대 상륙을 강행하려는 것이다.

10월 3일, 일본군 제2사단 마루야마 마사오 사령관은 주력을 이끌고 미군과의 결사전을 결심하며 출발했다. 실패할 경우 죽음을 각오한 그는 출발 전 전체 부대원에게 "이는 일본과 미국 간의 결전으로 제국의 흥망은 이번 전역에 달려 있다. 섬들을 점령하지 못하면 우리 중 누구도 살아서 일본으로 돌아가지 못할 것이다"라고 말했다.

10월 중순, 일본군 약 2만 명이 과달카날 마타니카우 강 서쪽 지역에 상륙 및 집결해 과달카날 일본군의 병력이 증강됐다.

과달카날의 미군 해병대는 밤낮 없이 이어진 전투로 병사들이 계속 죽거나 부상당했으며, 이 외에도 말라리아와 각종 전염병이 유행하면서 병력이 크게 줄어들었다.

9월 30일, 니미츠는 B-17 공중요새를 타고 열대 폭우가 쏟아지는 헨더슨 비행장에 도착해 과달카날을 시찰했다. 그 후, 그는 과달카날에 계속 증원군을 보내 10월 중순에 이르러 미군 병력은 약 2만 3천 명으로 증가됐다.

이때부터 미 · 일 양측은 과달카날 쟁탈을 위해 이제까지와는 규모 면에서 비교가 안 되는 치열한 격전을 벌이게 됐다. 미군 정찰대는 마타니카우 강 동쪽 기슭에 있는 일본군 포병 진지에 75cm 화포가 있어 직접 헨더슨 비행장까지 명중할 수 있음을 알아냈다.

반데그리프트는 이 교두보를 제거하기 위해 곧 1개 연대 병력의 돌격대를 보내 일본군을 공격했다. 이틀 동안 격전을 치렀으나 돌격대의 1개 대대가 오히려 포위됐고 때마침 미군 구축함 1척이 와서 해상을 통해 그들을 구조했다.

반데그리프트는 또다시 1개 연대의 병력을 증원해 10월 9일부터 일본군의 이 포병진지를 맹공격하기 시작했다. 밤낮 없이 며칠 동안 싸운 끝에 일본군을 쫓아버렸고, 어쩔 수 없이 철수한 일본군의 상황은 더욱 불리해졌다.

10월 10일, 일본 제17군단 하쿠타케 하루요시 사령관이 구축함을 타고 과달카날에 도착했다. 제17군단 병사 및 화포, 전차 등 중무기들을 10여 척의 구축함과 수송선에 나누어 싣고 야마모토 연합함대의 호위를 받으며 기세등등하게 달려왔다.

11일, 미군 정찰기가 방대한 일본군 수송함대를 발견한 후 스콧 해군 소장은 즉시 순양함 4척과 구축함 5척을 거느리고 적군 함대를 요격하기 위해 출동했다. 양측 함대는 같은 날 밤에 과달카날 서북쪽 에스퍼런스 부근 해상에서 맞닥뜨렸다.

미군은 레이더를 이용해 일본 함선을 조준 공격함으로써 포탄이 줄줄이 일본 아오바호 기함과 후루타카 순양함에 명중했다. 한편, 스콧은 샌프란시스코 기함 탐조등의 불빛으로 아군의 덩컨호가 격침되고 보이시호 순양함이 포탄에 맞은 것도 보았다.

약 30분이 흐른 뒤, 일본 군함이 먼저 철수해 에스퍼런스 해전이 끝났고 미군은 일본군의 상륙을 막지 못했다. 10월 14일 밤, 야마모토 연합함대는 하쿠타케 부대 병력 1만 명을 과달카날에 상륙시켜 과달카날 일본군 병력이 또다시 증가했다.

10월 중순, 과달카날의 형세는 더욱 긴박해졌다. 맥아더는 루스벨트 대통령에게 "솔로몬 제도에서 패할 경우, 서남태평양 전체가 위험에 처하게 됩니다!"라고 보고했다.

이에 루스벨트는 모든 이동 가능한 육해공 무기를 신속하게 과달카날에 지원하라는 지시를 내렸다. 곧이어 미군의 각종 군사 물자가 끊임없이 과달카날로 수송됐다.

일본 히로히토 천황도 과달카날 섬 전역은 태평양전쟁에서 결정적인 전역이라고 선포하고 모든 것을 쏟아부었다.

하쿠타케는 과달카날에 있는 일본군 2만 2천여 명을 집결시켜 제2차 총공격에 모두 투입하기로 했다. 구체적인 배치는 마루야마의 부대 7천 명으로 구성된 중앙 돌격군을 주력으로 비행장과 주요 통신센터를 공격하고, 가와구치는 남은 부대를 이끌고 동부 테나루 강 일대에서 협동 공격하기로 작전을 세웠다.

마루야마 제2사단 보병 나스 유미오(那須弓雄) 연대장의 부대는 마타니카우 강에서 룽가 강에 이르는 지역 서쪽에서 견제 공격을 하고, 연합함대는 헨더슨 비행장을 포격하는 동시에 '슬롯'으로 쳐들어가 포화로 미국 함대를 섬멸하기로 했다.

10월 13일 낮, 일본군 비행기가 헨더슨 비행장의 미군 비행기를 융단 폭격하자 비행장 유류 창고가 명중돼 불이 붙었고 활주로에도 폭탄이 떨어졌다.

야간에는 일본 전함과 중순양함이 일제히 비행장을 1시간여 동안 포격함으로써 비행장은 초토화되고 말았다.

15일, 일본군 포병의 포격이 시작되자 8인치 포탄 수백 개가 비행장에 쏟아져 내렸다. 이 날 공격으로 미군은 연료가 모조리 타버렸고, 비행기도 3대만 남아 겨우 전투에 투입됐으며, 병사들은 무섭게 쏟아지는 포탄 세례에 우왕좌왕했다.

16일, 미군 할더 보일 중교가 명을 받고 와일드캣 전투기 중대를 이끌고 에스피리투산토에서 과달카날로 왔고, 동시에 맥팔레인호 구축함은 4만 갤런의 연료를 싣고 과달카날에 도착했다.

보일의 와일드캣 전투기 19대가 착륙하려는 순간, 일본군 급강하폭격기 14대가 갑자기 날아와 맥팔레인호를 공격했다. 급히 반격에 나선 보일의 비행기 중대가 적군 비행기 4대를 격추시켜 맥팔레인호는 겨우 연료를 다 하역할 수 있었다.

10월 21일 아침, 하쿠타케가 지휘하는 제2차 총공격이 시작됐다. 마루야마의 중앙 돌격 주력부대는 울창한 밀림을 허리도 못 펴고 걷다 보니 아주 더디게 행군했다. 막다른 곳에서는 길을 내고 강을 만나면 다리를 놓으며 부대는 5일간 겨우 40km를 전진했다. 마루야마는 할 수 없이 총공격 일자를 23일로 연기했다.

마루야마의 우측에서 공격하기로 했던 가와구치 부대도 험난한 고지, 가파른 산골짜기, 햇빛을 볼 수 없는 밀림을 통과하다 보니 집결 지점 도착 시간이 지연됐다. 이 때문에 마루야마는 가와구치를 해임하고 쇼지 도시나리(東海林俊成) 대좌가 대신 부대를 지휘하게 했으며, 또다시 총공격 시간을 24시간 미루었다.

23일 황혼 무렵, 좌측에서 공격하기로 했던 나스 유미오가 공격 시간이 미뤄진 것을 모르고 공격하기 시작했다. 2개 보병연대가 전차 10대의 엄호 아래 마타니카우 강의 어귀에서 미군 진지로 돌격했다. 미군은 빈틈없는 포화로 대응했고 밤새 격전을 거쳐 나스 부대가 패퇴했다.

24일 오후 5시, 일본군 제2사단이 전면 공격을 시작하려는 순간 갑자기 굵은 소나기가 정신없이 쏟아져 각 부대 사이에 연락이 끊겼고, 밀림 속에서 일치된 행동을 할 수 없었다. 9시경, 소나기가 멎자 일본군은 '피의 산마루' 동쪽 지역에서 공격을 시작했다.

일본군은 포복 전진으로 습하고 어두운 밀림을 기어 나왔다. 맨 앞에 선 무리가 철조망 앞까지 다가왔을 때 미군은 사격하기 시작했고 공격하던 모든 일본군을 사살했다. 두 번째 공격대는 총에 맞아 죽은 동료의 몸을 기어 넘으면서 맹공격했으나 여전히 돌파하지 못했다.

미군의 철조망 방어선 중에서 오직 한 곳만이 다무라 대좌가 이끄는 부대에 의해 돌파됐다. 다무라는 군도를 휘두르며 병사들을 이끌고 미군 기관총 진지로 돌격해 갔고 미군은 재빨리 이 틈을 막아버렸다. 다무라의 부대는 후속 지원이 없었던 탓에 모두 포위됐다.

30분 뒤, 일본군은 또다시 대규모 돌격을 감행했고 우익에 있던 부대도 전투에 합류했다. 미군 진지 여러 곳이 돌파돼 미군 지휘관은 즉시 예비부대를 이동시켜 방어했다.

2시간 동안 일본군은 연속 7차례나 돌격해 왔고 미군은 죽기 살기로 저항하며 끝까지 진지에서 한 발짝도 물러나지 않았다.

26일, 일본군이 세 방향에서 동시에 마지막 결사적인 총공격을 개시했다. 그들은 소리 높이 구호를 외치며 다함께 일어나 미군 진지로 돌격했다. 그러나 미군이 적재적소에 화력장비를 배치했고 정확하게 조준해 대응했으며 파괴된 비행장의 정비를 완료했으므로 일본군의 두 번째 총공격도 실패했다.

두 차례 총공격에서 일본군 2천5백여 명이 전사했으므로 마루야마는 어쩔 수 없이 센다이 사단을 밀림으로 철수시켰다.

그 시각 바다와 하늘에서도 치열한 전투가 벌어지고 있었다. 마루야마 사단을 지원하기로 한 일본 해군 제8함대는 과달카날 부근에 도착하자마자 미군 비행기의 습격을 받아 구축함 2척이 격침됐다. 연합함대는 이 상황을 알고 신속하게 나구모 제3함대를 파견했다.

26일 이른 새벽, 일본군 나구모 주이치의 제3함대가 미군 홀시 해군 상장이 이끄는 함대와 과달카날 동남쪽으로 200해리(약 370km) 되는 산타크루즈 델 이슬로떼 해상에서 맞닥뜨렸다.

아침 7시, 미군 급강하폭격기가 먼저 일본의 나구모 함대를 발견하고 용맹하게 제로기의 저지를 뚫고 경형 항공모함 쇼호를 조준해 폭격했다. 쇼호는 명중돼 불이 일더니 이내 침몰했다.

일본군 비행기는 역량을 집중해 미국 군함에 보복성 공격을 가했다. 일본군 조종사 1명이 가미카제식 자살 공격으로 항공모함 와스프호의 갑판에 충돌했고, 곧이어 어뢰 2개가 핵심 설비에 명중돼 와스프호가 격침됐다.

공중에서 비행하고 있던 와스프호 함재기가 일제히 일본 항공모함 쇼카쿠호를 조준해 폭격하자 1천 파운드(약 450kg)에 달하는 포탄에 연이어 적중된 쇼카쿠호는 큰불에 휩싸였다.

반면 일본군 비행기는 일제히 엔터프라이즈호 항공모함을 폭격해 큰 손상을 입혔다. 이번 해전·공중전에서는 승부가 나지 않았으나 나구모 주이치는 쇼카쿠호의 손상이 매우 컸다는 이유로 해직됐다.

일본군은 제2차 총공격에 실패하면서 섬의 제공권을 장악하지 못해 물자 보급이 어려워졌다. 대부분의 병사들이 허름한 옷차림에 몸은 뼈밖에 남지 않았으며, 굶주림, 영양실조, 열대 전염병으로 죽어가는 사람이 날로 늘어났다.

부상병들은 습한 밀림에서 생활하고 의약품도 변변치 않아, 상처가 곪고 구더기가 생겨 신음소리가 끊이질 않았으며, 많은 사람들이 스스로 목숨을 끊었다. 과달카날은 말 그대로 일본군의 녹색 지옥이 되고 말았다.

하쿠타케 하루요시는 이 상황을 알고 라바울 기지 사령부에 긴급 무전을 보내 부대 증원과 보급품 수송을 요구했다.

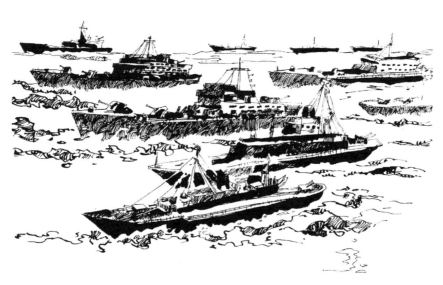

하쿠타케는 곧이어 사노 타다요시(佐野忠義)의 제38사단을 과달카날로 이동시켰다. 11월 12일, 제38사단은 수송선에 나눠 타고 제8함대의 호위 그리고 제2·3 함대 및 제11항공대의 강력한 지원 아래 과달카날로 향했다.

11월 13일 오전 1시, 방대한 일본 함대가 과달카날 방향으로 항행하던 중 어두컴컴한 해상에서 캘러헌 해군 소장이 이끄는 함대가 갑자기 일본 함대 대열에 뛰어들면서 양측 전함은 서로 회전하며 추격하며 일대가 아수라장이 됐다. 미·일 함대 간 제3차 솔로몬 해전이 벌어진 것이다.

양측 함선은 서로 근접해 포를 쏘았기 때문에 군함 샌프란시스코는 일본 함선 측면 포에 격침됐고 캘러헌 장군도 포화에 전사했다. 애틀랜타호 순양함은 일본 함선 탐조등에 발견돼 잇따른 일본군의 미친 듯한 포화에 격침됐으며 스콧 장군도 함께 희생됐다. 일본군은 구축함 2척과 전함 1척을 잃었다.

제3차 솔로몬 해전이 끝나자마자, 일본군 제8함대는 증원군 1만 명을 신속히 과달카날 부근으로 수송하고, 함포로 과달카날 비행장을 포격했다. 미군 비행기가 거침없이 일본 수송선을 습격해 7척을 침몰시켰고, 일본군 병사 수천 명이 익사했다. 일본군 호위함과 키누가사호 중순양함도 미군 어뢰에 명중돼 불이 났다.

긴박한 순간에 일본 지원군 제2함대가 달려와 공격에 가담했고, 미군 윌리스 리 장군도 함대를 이끌고 와서 공격했다. 그 일대가 양측 조명탄으로 대낮처럼 환해졌고 포화가 해상과 공중에서 번쩍였다. 포탄을 맞은 미군 구축함 3척은 순식간에 산산조각이 났으며, 사우스다코타호 전함도 공격으로 선체 일부가 손상됐다.

워싱턴호 전함의 레이더로 조준한 중포가 8천m 사정거리 내에서 곤도의 기함 키리시마호를 격침시켰다.

어두운 밤, 일본의 나머지 병력 수송선 4척은 과달카날 해안가에 닿았고, 날이 밝자 미처 군사 물자를 다 내리기도 전에 미군 비행기의 폭격을 받았다. 사노의 제38사단 1만 명 중에서 오직 4천 명의 보병만이 과달카날에 상륙해 밀림으로 도망쳐 들어갔다.

12월 9일, 반데그리프트의 해병대 제1사단이 주둔지를 교체하면서 과달카날에서 철수했다. 이들을 대신하는 군대는 해병대 제2사단, 육군 제25사단, 제14군단의 일부 부대 총 5만여 명으로 패치 소장이 총괄 지휘를 맡았다. 패치는 부대를 이끌고 방어 임무를 맡은 후 즉시 섬 안에 있는 일본군에 대한 공격을 준비했다.

일본군은 제해권·제공권을 모두 상실했기에 물자 보급이 무척 어려웠다. 잠수정이나 구축함에 밀봉한 보급 물품을 싣고 과달카날 부근까지만 가져간 후 파도를 이용해 물품이 기슭으로 밀려가도록 했다. 그러나 이런 수송 방법으로 일본군이 얻을 수 있는 보급물품은 얼마 안 돼 사실상 보급이 중단된 것이나 다름없었다.

많은 일본군은 나무껍질, 풀뿌리, 물이끼, 뱀 등으로 연명했고, 약도 없이 질병에 시달리는 병사들도 다수여서 굶어죽거나 병으로 죽는 사람이 갈수록 많아졌다. 과달카날은 '기아의 섬', '죽음의 섬'이 됐고 대부분의 일본군은 맞서 싸울 힘조차 없었다.

상황이 이런데도 일본군 최고지도층은 실패를 인정하지 않았고, 12월 하순 최고사령부는 과달카날 전황에 대해 논의하면서 여전히 탈취 방침을 바꾸지 않았다. 그리하여 조선에서 제20사단, 중국에서 제41사단을 차출해 제17군단에 편입하고 최후의 저항을 준비했다.

그러나 반격에 나선 미군이 뉴기니 북부에 진입해 일본군 라바울 기지를 직접적으로 위협하며 일본군 통수들을 진퇴양난에 빠지게 했다. 1943년 1월 4일, 일본군 최고사령부 최고위층 장성들은 회의를 거듭한 끝에 어전회의에서 과달카날 철수를 결정했다.

2월 1~7일, 일본은 비행기 3백 대와 구축함 30척을 동원해 어두운 밤을 틈타 세 번에 나누어 과달카날의 패잔병 1만 6천 명을 철수시켰다.

새로 방어를 맡은 미군 패치 소장은 일본군 부상병 포로에게서 일본군이 과달카날 서북쪽 에스퍼런스로 집결해 철수한다는 것을 알아내고 즉시 부대를 이끌고 추격했다. 미군이 도착했을 때는 대부대의 철수가 이미 끝나고 소수의 병약한 부상병만이 남아 있었다. 이렇게 과달카날 전투는 일본군의 패배로 종결됐다.

과달카날 전투는 남태평양에서의 일본군 패망의 시작이기도 했다. 일본군은 육해공전에서 5만여 명이 전사하는 등 과달카날을 탈취하기 위해 값비싼 대가를 치렀으나 결국 실패하고 말았다. 이때부터 태평양전쟁의 주도권은 온전히 미국 및 연합군의 수중에 들어왔다.

1944년, 미군은 일본군의 내(內)방어권에 있는 태평양 지역에 대해 계속해서 공격했다. 미군은 가장 먼저 태평양의 일본군 주요 군사기지인 트루크 섬을 습격해 일본 해군·공군에 심각한 타격을 주었고, 뒤이어 미군은 '아일랜드 호핑' 전술을 이용해 태평양의 전략적 요충지인 마리아나 제도로 뛰어 넘어가 일본군의 전략적 거점인 사이판, 티니안 및 괌을 점령했다. 사이판 섬 상륙 작전과 동시에 미군 제5함대는 일본 해군 주력과 이틀 동안 치열한 해상·공중전을 벌인 결과 일본 해군은 참패를 당하고 더는 재기가 불가능해진다. 사이판 전투는 일본군이 태평양 지역에 설치한 소위 내방어권을 무너뜨린 동시에 일본 본토로 향하는 대문을 활짝 열어 놓아 태평양 전장에서의 반일본 파시즘 전쟁의 승리를 가속화했다.

글·자오리성(趙力生)
그림·쑨샹양(孫向陽)

그림으로 읽는 제2차 세계대전 ⑪

태평양전쟁 2

사이판 전투

2

1944년, 세계 반파시즘 연합국 군대는 각 전장에서 연이어 전략적 대반격에 나섰다.

중태평양 전장에서 미군은 일본군이 견고하게 방어하던 마샬 제도를 점령함으로써 일본군의 해상 외(外)방어권을 돌파하고, 내(內)방어권의 중요한 기지인 트루크 섬과 마리아나 제도 앞까지 다다랐다.

'일본의 진주만'이라 불리는 트루크 섬은 서태평양 캐롤라인 제도의 한 산호섬으로 지리적으로 중요한 위치에 있었으며, 일본군이 여러 해 동안 관리해 이미 태평양에서의 침략확장을 위한 중요한 군사기지가 됐다.

캐롤라인 제도와 함께 일본군의 해상 내방어권을 이루는 마리아나 제도는 일본군이 중태평양에서의 미군 반격을 저지해 일본 본토를 보위하는 중요한 길목인 동시에 미군이 서태평양과 극동으로 공격해 나갈 때 반드시 거쳐야 하는 곳으로 그중 북부의 사이판 섬이 특히 중요했다.

미군이 태평양에서 일본군의 외방어권을 돌파하자 일본군 최고사령부는 너무나 놀라서
그만 미국이 곧 필리핀을 공격할 것이라고 오판했다. 급히 'A 작전 계획'을 수립한 일본군
은 해군 주력을 필리핀 남부 해상에 집중시키고 그곳에서 미군과 '결전'을 치러 불리한 국
면을 돌려세우려 했다.

곧이어 일본은 중국 전장과 본국에서 병력을 차출해 마리아나 제도 쪽으로 이동시키고 5
개 사단, 6개 여단의 병력을 가진 육군 제31군단을 편성했다. 그러나 일본군 최고사령부는
미군의 공격 목표를 필리핀이라고 판단했으므로 마리아나 방어 준비는 더디게 진행됐다.

연합군은 곧장 마리아나 제도를 탈취하려 했다. 태평양 작전구역 연합군 니미츠 총사령관은 군사회의에서 "이 제도를 공격하는 것은 해·공군 전진기지를 점령해 이 구역의 제해권·제공권을 빼앗음으로써 일본 본토와 남태평양 제도 사이 해상 교통을 차단하고 다음 단계에 팔라우, 필리핀을 공격하기 위한 통로를 여는 것이다"라고 설명했다.

1944년 2월 4일, 미군 정찰기 2대가 솔로몬 제도에서 발진해 트루크 섬의 일본군 기지를 정찰하던 중 일본군의 대규모 함선이 항구에 정박해 있는 것을 발견했다.

니미츠는 고급 지휘관들과 상의해 트루크 섬을 일본군의 해상 내방어권을 돌파하는 첫 번째 타격점으로 삼았다.

16일 이른 새벽, 미군 제5함대 스프루언스 사령관과 쾌속항공모함 미켈 사령관은 명령대로 함대를 이끌고 트루크에서 90해리(약 170km) 떨어진 해상에 이르렀다. 첫 번째 공격 임무를 맡은 헬캣기가 항공모함에서 발진해 편대를 이루어 트루크로 날아갔다.

일본군 제로기가 곧바로 발진해 응수했고, 양측의 몇백 대에 이르는 비행기가 트루크 섬 상공에서 서로 추격하며 공격했다. 얼마 안 돼 일본 비행기 127대가 격추돼 바다로 떨어졌다. 곧이어 대규모의 미군 폭격기가 트루크 섬을 융단 폭격해 비행장에 세워두었던 일본 비행기 60여 대를 파괴했다.

미군 비행기의 타격으로 트루크 항구 내에 있던 일본군 순양함 1척, 부설함 1척, 구축함 4척은 황급히 군항에서 도망쳐 나와 외해로 빠지려 했다.

미켈은 즉시 전함 뉴저지호 및 기타 군함 7척을 이끌고 추격했으며 요크타운호 항공모함의 함재기도 발진해 협조했다. 미국 군함과 비행기는 협동 작전으로 도망치는 일본 함선을 전부 해상에서 소탕했다.

일본 공군은 막대한 타격을 입어 더는 응전할 비행기가 없었다. 이날 오후, 미군이 폭격기로 트루크 군사시설을 집중 폭격하자 많은 진지 및 야자나무들이 폭파되면서 하늘로 치솟았고 섬은 초연과 열화로 뒤덮였다.

그날 밤, 빛을 본 지 얼마 안 된 레이더장비를 탑재한 뇌격기가 또다시 트루크로 향했다. 이 미군 비행기들은 60m 저공에서 항구를 스쳐 지나 미군 비행기의 대낮 공격을 가까스로 피한 일본 함선을 향해 밀집된 어뢰를 발사했다.

일본군 수병은 미처 피할 새도 없이 함선과 함께 바닷속으로 침몰했다. 미군 비행기가 떠나간 다음에야 겨우 정신을 차린 일본군은 텅 빈 밤하늘을 향해 고사포를 쏘아댔다.

한밤중의 기습 폭격으로 어수선한 트루크는 사방에 불길이 타오르고, 비행장은 비행기 잔해로 뒤덮였는데, 섬에 주둔하고 있던 공군 비행기 270대가 전부 격추되거나 파손됐다. 반면 미군 측 손실은 비행기 19대뿐이었다.

트루크 항구 역시 혼란에 빠졌다. 몇몇 함선은 선체가 파괴되고 몇몇 함선은 완전히 뒤집혔으며 수면에는 일본군 시체가 떠다녔다. 이번 폭격에서 일본 전함 9척이 격침되거나 파손됐고 각종 수송선 34척이 격침됐다.

트루크 섬의 일본 해·공군에 막대한 타격을 입힌 후 스프루언스와 미쳴은 함대를 이끌고 다음 타격 목표인 마리아나 제도로 진격했다. 마리아나 제도는 일본 주둔군이 적을 뿐더러 방어진지도 허술했다.

2월 23일 오전, 미군 제5함대의 폭격기가 항공모함 6척에서 발진해 사이판 섬 일본군 비행장을 폭격하기 시작했다. 깜짝 놀란 일본 공군이 급히 발진시킨 비행기 몇 대는 이륙하자마자 격추돼 불이 나면서 지상에 내리꽂혔다.

사이판 섬 비행장에서 미처 발진하지 못한 비행기 101대가 모두 폭파됐고, 잔해 조각들이 사그라지는 벚꽃마냥 너른 땅에 널렸다. 비행장 활주로에는 포탄 구덩이가 가득 파였으며 건물이 있던 곳은 폐허가 됐다.

티니안 섬과 괌에 있던 일본 공군이 급히 비행기 74대를 증원했으나, 수적·질적으로 우세한 미군 비행기의 타격에 일본군 비행기는 뿔뿔이 흩어지거나 하나하나 격추됐다. 증원 왔던 비행기는 오직 7대만이 손상을 입은 채 미군 비행기의 포위에서 빠져나왔을 뿐 나머지는 모두 격추됐다.

중태평양에서의 미군 공격을 막아내기 위해 일본군 최고사령부는 급히 진주만 기습의 '영웅' 일본 해군 나구모 주이치 중장을 중태평양함대 사령관으로 전임시켜 마리아나 제도 일본 육·해군을 모두 통솔하게 했다.

곧이어 일본군 최고사령부는 또 오바타 히데요시(小畑英良) 육군 중장을 마리아나 방어를 위해 새로 편성한 제31군단의 사령관으로 임명해 급히 마리아나의 병력을 증원했다.

5월 하순, 두 번째로 사이판 섬에 증원된 일본군 제47사단이 군함의 호위 아래 수송선 7척에 나누어 타고 일본에서 출발해 사이판 섬으로 향했다.

그들은 항행하는 도중 미군 잠수정의 연이은 습격을 받아 수송선 7척 가운데 5척이 격침됐고, 구조된 생존자들은 나머지 수송선 2척의 갑판 위에 끼어 앉았다. 그들 중 극소수만 무기 장비를 휴대했고 대다수는 화상 또는 부상을 입어 전투에 나설 수 없는 상황이었다.

오바타 중장은 이런 패잔병들과 허술한 방어진지를 보고는 나구모에게 "즉시 물자와 기재를 공급받아 진지를 정비하지 않으면 방어하지 못하고 공격당하는 걸 지켜봐야만 할 것이다"라고 보고했다.

일본군 최고사령부는 급히 사이판 섬에 대량의 무기와 탄약, 방어진지 건축 자재를 수송했다. 그러나 미군 잠수정 부대가 사이판 섬을 빈틈없이 봉쇄했기에 수송함대는 거의 모두 미군 잠수정에 의해 격침됐다.

1944년 6월 6일, 미군 제5함대의 각종 함선 535척이 12만 7천여 명의 해병대와 육군을 싣고 사이판 섬으로 돌진해 왔다.

일본군 최고사령부가 여전히 필리핀 남쪽 해역에 주의를 집중하고 있을 무렵인 6월 11일 정오, 미군 제5함대 비행기 216대가 또다시 사이판 섬과 티니안 섬을 마구 폭격했다.

미군 비행기는 일본군의 고사포 망을 뚫고 군사시설을 저공 비행하며 기관총을 난사하고 줄줄이 포탄을 투하했다. 일본군은 미국 공군이 이처럼 빨리 사이판과 티니안에 또다시 대규모 폭격을 하리라고는 미처 예상치 못했기에 비행장에 있던 비행기 147대는 발진하기도 전에 폭격에 맞아 불타올랐다.

이튿날, 미군 비행기는 계속해서 마리아나 제도의 또 다른 섬에 있는 군용 비행장을 폭격했다. 이 몇 차례에 걸친 공습은 일본 공군에 심각한 타격을 주었고 일본군의 공격력을 감소시켜 미군의 다음 단계 상륙 작전을 원만하게 진행할 수 있도록 했다.

6월 13일, 미국 군함이 거포로 사이판, 티니안 등 섬을 포격하기 시작했다. 수많은 포탄이
날아와 그나마 일부 남아 있던 일본군 진지를 평지로 만들어버렸다.

이튿날, 96명으로 구성된 2개 미군 수중 폭파대가 포화의 엄호를 받으며 사이판 섬 서쪽
가라판 진 기슭으로 잠수해 가, 병력과 물자의 원활한 상륙을 위해 수중의 장애물과 환초
(環礁) 등의 제거 작업을 했다.

일본군 제43사단 사령관 사이토 요시쓰구(齋藤義次) 중장은 황급히 부대를 이동시키고 사단 지휘소를 서쪽 기슭으로 옮겨 미군의 가라판 진 부근 상륙에 대비했다.

이때가 돼서야 여태껏 필리핀 남쪽 해역에서 미군과의 결전에 대비하던 일본군 최고사령부는 미군의 공격 목표가 사이판 섬임을 깨닫고, 급히 오자와 지사부로(小澤治三郞) 중장에게 이미 남쪽에 집결한 해군 주력함대를 이끌고 다시 북상해 사이판 섬에서 미군 제5함대와 '결전'을 벌이라고 명령했다.

6월 16일, 아침 해가 뜨자마자 미군은 가라판 해안에 상륙할 것처럼 그곳을 공격해 사이토 중장이 일본군 예비 병력을 가라판 지역으로 이동케 했다.

동시에 미군 함포는 다시 사이판 섬의 일본군 방어진지에 30분 동안 맹렬한 포격을 퍼부었다. 사이판 섬 전체가 흔들리며 화약 연기로 자욱해졌다.

포격이 끝나자마자 미군 폭격기 150대가 곧바로 가라판 남쪽으로 약 8km 되는 찰란카노아 지역에 격렬한 폭격을 가해 일본군의 교두보 진지 화력을 무력화시켰다.

곧이어 미군 제5수륙군 제2·4 사단 8개 대대의 해병대 병력이 수륙양용전차 7백 대에 나누어 타고 전차와 함포의 엄호 아래 강공을 펼치며 상륙했다. 미군 병사들은 수륙양용전차에서 뛰쳐나와 사이판 섬 해변으로 돌격했다.

일본군은 모래사장의 파괴된 진지에서 미군의 상륙을 완강하게 저지했고, 일부 미군 전차
와 수륙양용전차가 적의 포탄에 맞아 불이 일거나 바닷속으로 침몰했다. 미군은 즉시 비행
기를 출동시켜 일본군 교두보 진지를 반복적으로 저공 비행하며 기관총을 난사했다.

또 다른 지점에서 미군 수륙양용전차 18대가 비행기와 함포의 엄호를 받으며 환초 장애물,
환초호를 힘겹게 넘어 사이판 섬 해변으로 돌진했다.

그 뒤를 이어 대규모의 수륙양용전차가 8천여 명의 미군 해병대를 나누어 싣고 계속 해변에 상륙했다. 그들은 일본군의 맹렬한 포화를 뚫고 교두보 진지로 돌격했다.

이때, 가라판 뒤쪽 산비탈에서 망원경으로 멀리 내다보던 나구모 중장은 미군의 방대한 함대와 끝없이 계속 상륙하는 기계화부대를 보고 깜짝 놀랐다. 일본 제국의 패망은 어느 누구도 돌이킬 수 없음을 알게 된 것이다.

그러나 실전 지휘 경험이 적은 사이토 중장은 전투에 대해 무모할 정도로 긍정적이었다. 그는 최고사령부에 "날이 어두워지면 대규모 야간 습격을 펼쳐 적군을 한꺼번에 섬멸할 것이다"라고 보고했다.

밤이 되자, 사이토는 전차 36대와 1천여 명으로 구성된 야간 습격대를 집결시켰다. 야간 습격 대원들을 모아 놓고 사기를 북돋우려는 순간 갑자기 미군의 정확하고 맹렬한 포화가 덮쳐오는 통에 사이토는 놀란 나머지 부대를 남겨두고 혼자 도망쳐버렸고 병사들은 전멸하고 말았다.

한바탕 허둥대던 일본군은 다시 대오를 정돈하고 전차의 뒤를 따라 미군이 점령한 교두보 진지를 향해 반격했다. 미군 병사들은 포화의 지원 아래 각종 자동 무기로 반격해 오는 일본군을 물리쳤다.

꽤 많은 일본군 전차가 포탄에 명중돼 불탔으며 여러 차례 반격했지만 모두 미군에게 무너지고 말았다. 날이 밝아오자, 미군 진지 앞에는 7백여 구의 일본군 시체가 이리저리 널려 있었고, 살아남은 병사들은 사탕수수 숲으로 숨어 들어가 산 위 진지로 도망쳤다.

명을 받고 사이토 중장의 시체를 찾아 헤매던 히라쿠시(平櫛) 소좌는 사탕수수 숲에 들어 갔다가 미군의 소이탄으로 인한 큰불에 포위됐다. 히라쿠시는 있는 힘껏 군도를 휘두르며 길을 내어서야 겨우 불바다에서 도망쳐 나올 수 있었다.

불바다에서 탈출한 히라쿠시가 사단 지휘소로 돌아와 보니, 사이토 중장은 죽지 않고 힘없 이 지휘소 동굴 밖의 커다란 돌 위에 앉아 있었다.

이튿날 저녁, 실패한 것이 억울했던 사이토는 또다시 전차 25대와 병사 5백 명을 조직해
가라판 부근에 집결해 있는 미군 해병대 진지를 공격했다.

미군이 쏜 조명탄에 일본군은 완전히 노출됐고 미군의 로켓포, 박격포, 기관총이 일제히
그들을 향해 불을 뿜었다. 공격한 지 한 시간도 안 돼 전차 대부분이 파괴됐으며 일본군은
막대한 사상을 내고서 허겁지겁 원래 있던 진지로 도망쳤다.

17일, 항공모함 9척과 군함 53척으로 구성된 오자와 함대가 미군과 '결전'을 벌이기 위해 필리핀 남부 해역에서 북상하는 것을 미군 잠수정 시드래곤호가 발견했다. 시드래곤은 즉시 미군 제5함대에 경보를 보내는 동시에 조용히 일본 함대를 뒤쫓아 마리아나로 향했다.

시드래곤이 보내온 정보를 받은 제5함대 스프루언스 사령관과 쾌속특별함대 미켈 사령관은 괌 상륙을 잠시 보류하고 항공모함과 전함을 이끌고 남하해 티니안 섬 서쪽에서 일본 오자와 함대와 전투를 벌이기로 결정했다.

19일 새벽녘, 오자와 함대 정찰기가 괌 서쪽 해상에서 미켈 장군이 이끄는 미군 제5함대 쾌속특별함대의 항공모함 15척과 각종 전함 97척으로 구성된 방대한 편대를 발견했다.

교활한 오자와는 만약 강대한 미 함대의 사정거리 내에 진입하면 불리해지므로 아웃레인 지 폭격 전술을 사용하기로 했다. 즉, 함재기를 출동시킨 후 일본 함대는 즉시 철수하고 비행기는 포탄을 투하한 후 사이판 섬 비행장에 착륙하는 것이었다.

일본군 폭격기 수백 대가 굉음을 내며 이륙하자마자 오자와의 기함 다이호 항공모함 뒤쪽 수면에 갑자기 잠수정 잠망경이 만든 '인(人)'자 물결이 이리저리 움직이더니 곧이어 어뢰 2개가 다이호를 향해 곧장 날아왔다. 일본 함대는 순식간에 혼란에 빠졌다.

마지막으로 발진한 비행기 조종사 고마츠 유키오(小松哄男)는 즉시 조종간을 잡아당겨 어뢰를 향해 급강하했다. 굉음과 함께 굵은 물기둥이 치솟으며 비행기는 어뢰와 함께 사라졌다.

그러나 곧이어 또 다른 격렬한 폭발음이 들렸는데, 미군 알바코오호 잠수정이 발사한 다른 어뢰 하나가 다이호의 연료 창고에 명중돼 큰불이 활활 타올랐다. 일본 구축함 하나가 알바코오호를 습격하려고 수중으로 잠입했으나 흔적 없이 사라졌다.

두꺼운 장갑판으로 무장한 다이호는 어뢰에 명중됐으나 계속해서 전투했다. 그러나 30분 뒤 큰불은 탄약 창고에까지 번져 맹렬한 폭발이 일어났으며 갑판 위 선창과 시설이 전부 폭파됐다.

다이호는 천천히 물속으로 가라앉기 시작했고, 함선과 운명을 함께하려던 오자와는 참모의 만류와 권고를 받아들여 진주만, 산호해 해전 등 전역에 참가했던 즈이카쿠호 항공모함으로 자리를 옮겨 계속 전투를 지휘했다.

미국 함대 레이더가 천천히 다가오는 일본군 비행기 부대를 발견했고, 공군 브루어 소령은 즉시 비행기 11대를 이끌고 굉음을 내며 날아올라 응전했다.

브루어의 비행기가 먼저 일본군 비행기 무리에 뛰어들어 재빨리 적기 4대를 격추시켰다. 뒤따라온 미군 비행기도 용감하게 일본군 비행기 무리 속으로 뛰어들어 적기를 연이어 격추시켰다.

일본군 비행기 중 오직 1대만이 미군 비행기의 포위를 뚫고 함대를 덮치려 했으나, 군함의 밀집한 방공 화력망에 막혀 포탄을 사우스다코타호 전함 부근 해상에 투하하고는 급히 사이판으로 도망쳤다.

두 번째 일본군 비행기 부대가 미국 함대에서 60해리(약 110km) 떨어진 상공에서 대규모의 미군 비행기에 포위됐다. 잠깐의 치열한 공중전 끝에 일본군 비행기 70대가 격추돼 태평양의 파도 속에 묻혔다.

일본군 비행기 여러 대가 미국 비행기의 방어선을 뚫고 미국 함대를 향해 돌진해 왔다. 미국 군함의 모든 방공 화기들이 일제히 적기를 조준해 불을 뿜었으며, 미국이 새로 연구 · 제작한 근접신관을 장착한 포탄이 힘을 발휘해 일본군 비행기는 연이어 바닷속으로 곤두박질쳤다.

같은 날 정오 무렵에 미·일 간 공중전이 한창일 때, 시드래곤호 잠수정은 슬레이드 함장의 지휘 아래 조심스럽게 항공모함 쇼카쿠호 부근으로 다가가 단번에 어뢰 6개를 발사한 후 즉시 잠수해 달아났다.

연이은 격렬한 어뢰 폭발에 대부분의 수병들은 배에서 탈출할 기회조차 놓친 채 전멸하다시피 했고, 금세 불바다로 변한 쇼카쿠호는 다이호와 함께 태평양 바닷속에 가라앉았다.

오자와 함대를 철저히 섬멸하기 위해, 미켈 사령관은 함대를 이끌고 서남 방향으로 바싹 추격했으며 동시에 정찰기를 파견해 수색했다. 이튿날, 마침내 조종사 넬슨 소령이 미켈 함대로부터 4백 해리(약 740km) 떨어진 곳에서 오자와 함대를 발견하고 즉시 미켈에게 보고했다.

약 3시간 뒤면 곧 바다에 어둠이 깔리므로 미켈 장군은 선택의 기로에 서게 됐다. 만약 비행기를 파견해 공격하게 되면 어둠 속에서 회항해야 하는데 이는 매우 큰 모험이었고, 또한 미군 비행기의 항속력은 왕복거리만 가능하고 여기에 전투 시간까지 더하면 그 결과는 예측할 수 없었다.

미켈은 모험을 걸어 보기로 결정하고 비행기 216대에 즉시 발진해 오자와 함대를 공격하라고 명령했다. 함상의 모든 병사들은 출격하는 비행기가 드넓은 하늘로 사라지는 것을 바라보며 무사히 되돌아오기를 묵묵히 기도했다.

황금빛 석양 속에서 미군 비행기는 유조선 10여 척으로 구성된 수송함대를 발견하고, 몇 대가 급강하 공격해 유조선 2척을 격침시키고 1척은 손상을 입혔다. 나머지 대부분의 비행기는 오자와 함대를 향해 더욱 속도를 냈다.

밤의 장막이 서서히 드리우는 해상에서 미군 비행기들은 항공모함 7척과 각종 전함 37척으로 구성된 오자와 함대를 따라잡았다. 미군 비행기는 마치 굶주린 독수리가 먹이를 덮치듯이 일본 항공모함을 향해 급강하 폭격을 개시했다.

오자와 함대는 우선 함재기 75대를 고사포의 엄호 아래 급히 발진시켜 응전했다. 미군 비행기는 일본군 비행기의 무기력한 경계선을 돌파하고 교대로 일본 함선 고사포 화력망을 뚫어 가며 항공모함을 향해 고성능폭탄을 줄줄이 투하했다.

즈이카쿠호 항공모함 갑판에 있던 병사들은 막대한 사상을 내었고 고사포도 파괴됐으며 사방에 불길이 치솟았다. 운요호 항공모함 및 전함 1척, 순양함 2척도 모두 심하게 파괴됐다.

얼마 지나지 않아 조지 브라운 중위가 이끄는 미군 뇌격기 4대가 저공비행으로 히요호 옆을 스쳐 지나며 어뢰 수 개를 투하했다. 어뢰는 목표를 향해 질주해 갔고 히요호는 명중되자마자 좌측으로 기울어졌다. 함상에는 큰불이 훨훨 타올라 어두운 밤하늘을 밝게 비추었다.

불빛이 밝게 비추는 가운데 히요호는 천천히 가라앉기 시작했고, 얼마 안 돼 뱃머리가 수면 위로 높이 쳐들려 수병들은 뿔뿔이 물에 뛰어들어 살길을 찾았다. 곧 무서운 폭발음과 함께 히요호는 태평양 바다 깊은 곳에 영원히 가라앉았다.

오자와 함대는 되는 대로 계속 비행기를 파견해 격전에 투입했고, 어두운 하늘은 포 소리와 번쩍이는 불빛으로 뒤덮였다. 공중에는 하얀 낙하산이 떠다니고 바다에 빠진 조종사들은 파도에 몸을 맡기고 있었다.

비행 방향을 잘못 잡아 전투에 합류하지 못한 일본군 비행기 80여 대는 할 수 없이 폭탄을
바다에 던져야 했다. 그들이 괌 오로테 비행장에 착륙하려고 할 때, 구름 속에 숨어 있던
미군 비행기 27대가 돌진해 오더니 일본군 비행기 30대를 격추시켰다. 겨우 착륙한 일본
군 비행기도 전부 크게 파손돼 수리가 불가능한 지경이었다.

오자와 함대는 몇 시간여에 걸친 전투에서 항공모함 2척과 비행기 397대를 잃었으며 전과
는 오직 격추된 미군 비행기 15대뿐이었다. 막대한 타격을 입은 오자와는 전군 괴멸을 피
하기 위해 급히 함대를 철수시켰다.

미군 비행기의 머나먼 회항 노선은 승리하고 돌아오는 조종사들에게 있어 커다란 악몽이었다. 날이 어두워 항로를 잃거나 연료가 떨어져 비행할 수 없었던 미군 비행기 80대가 연이어 칠흑같이 어두운 태평양으로 떨어졌다.

미국 군함에서 미켈 사령관은 무전으로 들려오는, 조종사들이 동료들과 작별하는 절망적인 호출음을 들으며 고통 속에 빠졌다. 일본군 잠수정의 공격 위험이 있음에도 불구하고 그는 함대에 모든 불빛을 밝히라고 명령했다. 함대의 무수히 많은 불빛이 밤하늘을 비추며 길을 잃은 미군 비행기를 인도했다.

수많은 탐조등 불빛이 밤하늘과 항공모함 갑판을 밝게 비추었다. 기진맥진한 미군 조종사들이 비행기를 조종해 하나하나씩 힘겹게 착륙했다.

오자와 함대는 또다시 항공모함 3척과 비행기 494대를 잃고 감히 더는 싸우기를 포기한 채 밤을 틈타 오키나와 섬으로 피신했다. 드넓은 태평양에는 오직 일본 해군의 참패를 말해주는 기름흔적만 남았다.

미켈이 순양함을 파견해 낙하산으로 뛰어내린 미군 조종사 대부분을 수색 · 구조하면서 미군들이 '마리아나의 칠면조 사냥'이라 불렀던 해전 · 공중전이 종결됐다. 이번 전투에서 미군은 비행기 130대를 잃어 상대적으로 피해가 매우 적었다.

6월 22일, 미군 제5수륙군이 사이판 섬 총지휘관 홀랜드 스미스 중장의 지휘 아래 거점을 마련하고 섬 북쪽을 공격하기 시작했다. 그리고 육군 제27사단은 섬 남쪽에 분리돼 있는 잔존 적군을 소탕하기로 했다.

미군 공격부대는 포화의 엄호 아래 일본군 제136연대가 들어가 있는 타포차우 산을 향해 연이어 공격했으나, 진지와 동굴에 숨은 일본군의 결사적인 저항으로 전진은 매우 더디기만 했다.

홀랜드 스미스 중장은 공격 배치를 재조정해 육군 제27사단은 가운데서, 해병대 제2사단은 좌익에서, 해병대 제4사단은 우익에서 타포차우 산을 공격하도록 했다. 치열한 격전을 거쳐 마침내 미군은 산봉우리의 감제고지를 장악했다.

이튿날, 육군 제27사단은 숲이 울창한 좁은 산골짜기를 따라 또 다른 고지를 공격하다가 양쪽 벼랑과 동굴에서 일본군이 쏘아대는 기관총과 박격포의 맹렬한 사격으로 막대한 사상자가 발생했다.

미군의 공격이 성과를 거두지 못하자 '포효하는 미치광이'로 불리는 홀랜드 스미스 중장은 화가 나서 해당 사단의 사단장 랠프 스미스 소장의 직무를 해제시켰고, 미군은 여전히 일본군 방어선을 돌파하지 못했다. 제27사단의 병사들이 계속된 공세에 지친 데다 많은 사상자가 나와 모두들 이 산골짜기를 '지옥의 골짜기'라고 불렀다.

6월 25일, 미국 해병대 제2사단이 산봉우리의 일본군 진지를 점령하고 일본군을 섬 북쪽의 산지로 내몰았다. 곧이어 미군은 또 비행기와 육해군 포화의 엄호 아래 일본군을 동굴에서 쫓아냈다. 일본군 방어선이 붕괴되기 시작했고 미군 전선은 하나로 이어졌다.

25일 저녁, 전차 3대와 1천3백 명의 병사만 남은 일본군 제31군단 참모장 히라쿠시 소장은 괌 군단장 오바타 히데요시 중장에게 무전으로 사이판을 지켜내지 못할 것이라고 알렸다.

이날, 사이판 일본군 지휘부는 절망 속에서 야전병원에 '죽음 유희'를 실행할 것을 명령했다. 군의관들이 움직일 수 있는 부상병을 데리고 간 후, 근 1천여 명의 거동이 불편한 부상병 중 1명에게 수류탄 1개를 지급하고 "일본 군인답게 영광스럽게 죽을 것"을 명령했다.

2백여 명의 움직일 수 있는 부상병들이 서로 부축하며 산골짜기를 걸어 나갈 무렵, 뒤쪽에서는 연이은 수류탄 폭발 소리가 들려왔다. 상관의 명령에 따른 부상병들의 수류탄 자폭으로 산골짜기는 자욱한 화약 연기와 형체를 알아볼 수 없는 주검들로 가득 찼다.

7월 6일, 미군이 전차, 비행기, 포화의 지원을 받으며 일본군의 마지막 진지로 바싹 다가오자 같은 동굴 속에 있던 일본 해군 태평양함대 사령관 나구모 중장, 육군 제31군단 참모장 히라쿠시 소장, 제43사단 사령관 사이토 중장은 절망 속에서 함께 할복자살했다.

그날 저녁, 남아 있는 일부 일본군 병사들은 군관에게 쫓겨 허름한 군복에 손에는 각종 총기와 군도 심지어 대나무 창을 들고 동굴에서 나와 살금살금 산 아래 미군 진지로 더듬어 갔다.

미군 진지에 도착한 3천 명으로 구성된 '결사대'는 일제히 소리를 지르며 타나파그 미군 진지로 돌격했다.

진지를 지키고 있던 미국 육군 제105연대 1대대 대대장은 양손에 총을 들고 부대를 지휘해 진지를 고수했다. 부상을 입은 후에도 기관총으로 돌격해 오는 일본군을 향해 맹렬히 사격했다. 일본군은 죽음을 무릅쓰고 죽은 동료를 밟고서 미군 진지로 돌진했다.

미군 병사들은 일본군의 자살 돌격을 막아내지 못하고 순식간에 650여 명의 사상자를 냈으며, 나머지는 당황한 나머지 한꺼번에 2천여m나 후퇴했다.

일본군이 미군 포병진지로 돌격하자 포병이 대포를 조준해 반쯤 미친 일본군을 향해 쏘았으나 일본군은 끝내 포병진지까지 쳐들어갔다. 미군은 지원병이 와서야 맹렬한 포화를 쏟아부은 끝에 시체들로 가득 찬 진지를 겨우 탈환했다.

저녁 무렵, 미군은 극소수의 일본군이 여전히 저항하는 곳을 제외하고는 모든 진지를 탈환했다. 전장의 곳곳은 시체들로 가득했고 붉은 피가 땅을 흠뻑 적셨다. 자살 돌격을 했던 일본군 결사대는 거의 대부분 미군에 의해 사살됐다.

7월 9일 오후, 미군은 정식으로 사이판 섬 점령을 선포했다. 일본군의 철저한 세뇌로 인해 사이판 섬에 있던 2만 5천여 명 주민들은 미군의 포로가 되는 것이 두려워 자식들을 데리고 섬 북쪽 30여m 높이의 벼랑으로 도망쳐 뛰어내리는 집단 자살을 택했다.

미군이 방송으로 그들에게 하산을 권고했으나 소용없었다. 어떤 어머니는 아이를 먼저 벼
랑 밑으로 던진 후 뒤따라 뛰어내렸고, 어떤 어머니는 아이를 업은 채 벼랑 아래 일렁이는
바닷속으로 뛰어들었다. 벼랑 아래 바다에 떠다니는 시체가 하도 많아 미군의 작은 군용
보트가 지나갈 수 없을 정도였다.

미군은 섬에 남아 있는 일본군을 수색 및 숙청했다. 일부 일본군과 함께 동굴 속에 숨어 있
던 일본인은 미군에게 들키지 않기 위해 우는 아이의 입을 막아 죽은 경우도 발생했다. 미
군이 완강하게 저항하는 일본군의 동굴을 폭파시켜 병사와 일반인 수백 명이 전부 질식해
죽기도 했다.

사이판 전역이 종결되자, 미군 제5함대는 즉시 남하해 괌의 일본군을 향해 연속적인 폭격과 포격을 가했다. 사이판 섬의 미군도 원거리 대포를 설치하고 사이판 남쪽 바다를 사이에 두고 마주 보는 티니안 섬을 맹렬하게 포격했다.

미군이 14일 동안 괌에 연속적인 폭격 및 포격을 가한 후, 7월 21일, 미군 5만 6천 명이 두 갈래로 나누어 괌 해변에 상륙했다. 전투력이 약했던 일본 수비군은 제31군단 사령관 오바타 히데요시 중장의 지휘 아래 내륙으로 들어가 완강하게 저항했다.

7월 24일, 미 해병대 3만 5천 명이 티니안 섬에 상륙해 신속하게 일본군 교두보 진지를 점령했다.

미군은 상륙 장소에 교두보를 굳건히 한 후 즉시 일본군을 공격해, 8월 1일, 티니안 섬 전체를 점령했다. 일본 수비군 9천 명 가운데 극소수가 밀림으로 도망쳐 들어갔고 대부분은 섬멸됐으며, 미군은 1천7백여 명이 사상했다.

곽 내륙의 일본군은 오바타의 지휘 아래 미군에 맹렬하게 반격했으나 강력한 미군의 공격
으로 일본군 대부분이 섬멸됐다. 8월 10일, 미군이 일본 수비군 지휘부를 점령했고 일본군
오바타 사령관은 자살했다. 곧이어 미군은 괌을 점령했다.

잔존한 일본군은 각기 동굴과 밀림 속에 숨어들어 일본이 패전을 인정하고 항복한 뒤에야
무기를 내려놓고 투항했다. 괌 전역에서 일본군은 1만 7천여 명이 전사하고 미군은 9천2
백여 명의 사상자가 발생했다.

미군의 마리아나 제도에서의 승리는 일본 해·공군 공격력에 막대한 타격을 주었고 일본 군의 태평양에서의 내방어권을 무너뜨렸다. 또한 사이판 비행장은 미군 비행기에 훌륭한 기지를 제공해 이때부터 연합국 공군은 사이판 섬에서 출발해 일본 제국의 심장부를 공격했다.

일본 파시즘 집단은 연속된 타격을 입은 후 내부적으로도 모순이 격화돼 외무 대신, 육군 대신, 참모장을 겸임하던 도조 히데키가 실각하고 고이소 구니아키(小磯國昭) 육군 대장이 수상에 취임했다. 이후로도 일본은 걷잡을 수 없는 파국으로 치달으며 패색이 짙어져 갔다.